Lehrer & Lehrerinnen

VIKTOR BERGER & CAREN ESCHER

Lehrer & Lehrerinnen

EIN PSYCHOGRAMM
ZUM SCHMUNZELN

PODSZUN

Inhalt

Einleitung	6
Vorbemerkung für Lehrerinnen	8
Warum ausgerechnet Lehrer(in)?	9
"Freizeitberuf" Lehrer	12
Härteberuf Lehrer	15
Die pädagogische Herausforderung	17
Die ersten Regungen	19
Frühkindliche Schlüsselerlebnisse	21
Die Geschwisterposition	23
Erstgeborene	24
Unbewußte Komplexe der Kindheit	28
Die Lieblingsspiele der Kindheit	30
Verhältnis zu den Eltern	32
Die Jugendzeit	33
Die eigene Schulzeit	35
Die Uni-Zeit	37
Referendarzeit	40
Tiefenpsychologie des Lehrerwitzes	42
Lehrer in der Öffentlichkeit	47
Das richtige Grüßen	47

Lehrer privat	48
Die Ehe	51
Urlaub und Urlaubsverwertung	52
Kleine Rhetorik	52
Pausenaufsicht leichtgemacht	55
Das Lehrer-Schüler-Verhältnis	56
Die letzte Waffe: Zensuren	59
Checkliste für die Lehrertasche	60
Pädagogische Notbremsen	60
Der Traum vom Aussteigen	62
Spitznamen	63
Die Stundeneröffnung	64
Klassiker der Stundeneröffnung	65
Eltern	65
Mythos der Unfehlbarkeit	67
Der kranke Lehrer	69
So feiert ein Profi krank	69
Verständnisvolle Ärzte	71
Burnout	74
Die zehn Gebote des Erfolges	76

Einleitung

Sind Sie selbst Pädagoge oder Pädagogin, oder sind Sie vielleicht einfach nur neugierig, was in den Köpfen von Lehrerinnen und Lehrern so vor sich geht? Möchten Sie erfahren, was diese außergewöhnliche Berufsgruppe antreibt und unterbewußt anstachelt? Wenn Sie ein alter Pädagogenhase sind, so werden Sie in diesem Psychogramm gewiß einiges finden, das Ihre eigenen Erfahrungen bestätigen wird, doch Sie werden auch auf Überraschungen stoßen, von denen Sie nicht einmal zu träumen wagten, denn Lehrer und Lehrerinnen sind zwiespältige Wesen, deren abgründige Vielseitigkeit bisher immer viel zu einseitig dargestellt wurde. Mit diesem Buch werden Sie endlich diese unbekannten Seiten kennenlernen.

Möglicherweise stehen Sie noch am Anfang Ihrer Lehrerausbildung und sind gerade auf dem besten Wege dazu, den dornig abenteuerlichen Weg des allwissenden Alleinunterhalters zu gehen. Sie haben sich vorgenommen, der Menschheit die Flötentöne beizubringen, sie auf Trapp zu bringen und ihr die Leviten zu lesen. Dann wollen Sie es also wissen! Sie haben den Mumm, sich einer Meute von Klein- bis Halbwüchsigen zu stellen, deren Interesse an der Schule in der Regel darin besteht, möglichst schnell wieder hinauszukommen.

Dieses Psychogramm wird Sie für den schweren Weg wappnen. Sie werden den Praxisschock locker abfedern können, die alten Fehler Ihrer älteren Kollegen tunlichst vermeiden und Ihre eigenen Reaktionen im späteren Berufsfeld besser vorbereiten können.

Möglicherweise sind Sie selbst aber auch Schüler oder Erziehungsberechtigte(r) eines Schülers und wollen "Ihren" Lehrer einmal richtig kennenlernen und bis in die Fußspitzen verstehen. Sie wollen seine Macken und Stärken erkennen, seine verborgenen Gefühle und geheimen Gedanken ergründen, ihn besser einschätzen können, damit Sie pädagogischen Krisen und schulischen Problemen wirkungsvoll entgegentreten können.

Auf welcher Seite Sie auch immer stehen, vor oder hinter dem Pult - dieses Buch informiert Sie auf unterhaltsame Weise über das Innenleben des Lehrers. Hier wird der Lehrer von seiner menschlichen Seite, in seinem Alltag, in seinen Nöten und kleinen Triumphen und mit allen Stärken und Schwächen beschrieben, ein lebendiger Spiegel seines individuellen Lebensstils. Ob und wieweit Sie sich darin wiedererkennen, bleibt Ihnen überlassen, wir jedenfalls wünschen vergnügliche Unterhaltung und allzeit einen anregenden und fröhlichen Unterricht!

Kleine Vorbemerkung für Lehrerinnen

Es ist kein böser Wille und sollte auch nicht als Anzeichen mangelnder Aufklärung mißdeutet werden, wenn hier bisweilen im Interesse der besseren Lesbarkeit oftmals ganz pauschal und geschlechtlich etwas einseitig vom "Lehrer" die Rede ist, natürlich dürfen sich die Lehrerinnen stets auch einbezogen fühlen und mögen es vielleicht sogar als besonderen Vorteil empfinden, sich bei einigen (natürlich nur liebevoll-ironisch gemeinten) satirisch-bissigen Bemerkungen über "Lehrer" dann einfach nicht angesprochen fühlen zu können.

Warum ausgerechnet Lehrer(in)?

Warum nur entscheidet sich ein begabter, lebensfroher Mensch voll jugendlichen Elans und Idealismus freiwillig für diesen vertrackten Berufszweig? Ist es die krisenfeste Pension, sind es die geregelten Bezüge oder ist es der solide Beamtenstatus mit seinen beneidenswerten Rabattvorteilen in der KFZ-Versicherung? Reizen vielleicht die vielen Ferien, die freien Nachmittage und Klassenfahrten und Wandertage? Richtig! Alles das sind natürlich triftige Gründe für die Wahl dieses Ausnahmeberufes, aber es gibt noch einige mehr.

Wegbereiter der menschlichen Evolution

Welche Berufsgruppe spielt die bedeutendste Rolle in der menschlichen Kulturgeschichte? Etwa die Politiker und Stammesfürsten? Die Priester und Wahrsager? Oder die Künstler und Schriftsteller? Keineswegs! Es sind die Pädagogen, die die Menschheit aus ihrer naiven Unschuld geführt und ihr das Lämpchen der Erkenntnis auf der gefährlichen Gratwanderung zwischen Kultiviertheit und Barbarei vor die Nase gehalten haben.

Warum denn kauern wir heute nicht mehr in feuchten Höhlen und wühlen nicht grunzend in lauwarmer Asche nach den traurigen Überresten eines abgenagten Mammut-Schenkels? Doch nur, weil die Menschheit im Laufe ihrer Geschichte im Fach Kunstpädagogik etwas über Architektur erfahren hat, weil die Vorläufer der Mathematiklehrer unsere Vorfahren mit den Finessen von rechtem Winkel und Lot vertraut gemacht haben, weil urzeitliche Werklehrer das nötige Rüstzeug für den Bau von Möbeln und Hausrat vermittelt haben, und schließlich, weil wir im Fach Hauswirtschaft das geschmackvolle Kochen erlernt haben.

So sitzen wir heute kultiviert auf Stühlen, haben eine festlich gedeckte Tafel vor uns und genießen mit besteck-verlängerten Greifern ein Vier-Gänge Menü mit drei sorgsam darauf abgestimmten Weinen. Den Bemühungen unserer Benimmlehrerin ist es zu verdanken, daß wir beim Rülpsen sogar die Hand vor den Mund halten, beim Verzehren der Suppe nur in Ausnahmefällen schlürfen und das Kunststück vollbringen, die Tischdecke rund um unseren Teller relativ fleckenfrei zu halten.

Möglich ist eine derart vollendete Tischkultur allein aufgrund der Jahrtausende langen kulturellen Vorarbeiten vieler Pädagogengenerationen. Traurig daran ist nur, daß die Arbeit des Lehrers von den Adressaten während der Schulzeit selten gewürdigt wird. Der Lehrerberuf ist ein ewiger Kampf gegen Müdigkeit, Bequemlichkeit, Trägheit und attraktive außerschulische Alternativen.

Wer diesen Kampf bestehen will, muß sich immer wieder etwas Neues für sein Publikum einfallen lassen. Doch selbst gute neue Einfälle und raffinierte Tricks werden in der heutigen Schulkultur immer wieder nur undankbar als kalter Kaffee eingestuft. Die Früchte des Lehrer-Fleißes kommen daher häufig erst viel später zur Geltung. Dann nämlich muß sich der Lehrer anläßlich diverser Klassentreffen von ehemaligen Schülern nach dem zehnten Bier immer wieder diese sentimentalen Geständnisse anhören, wie z.B.:

Der Lehrer muß sich immer etwas Neues für sein Publikum einfallen lassen

"Ach, jetzt mal ganz ehrlich, Sie waren doch nicht so'n fieser Pauker. Hab' 'ne Menge bei Ihnen gelernt. Doch ehrlich! Meinen Doktor hätt' ich ohne Ihre berüchtigte Rechen-Gymnastik mit Straf-Liegestütz nie geschafft. Naja, daß wir Sie damals im Winter über Nacht auf'm Lehrerklo eingesperrt hatten, das war wohl nicht ganz sauber. Wir war'n halt jung."

Diese Eingeständnisse trösten Pädagogen über viele Entbehrungen hinweg. Sie vermitteln eine späte Genugtuung für die Anstrengungen und die Gewißheit, daß ungeachtet aller Anfeindungen im Schulalltag, die gewählte Methode vielleicht doch nicht so ganz verkehrt gewesen sein kann.

So gibt es immer wieder jene Idealisten, die es sich nicht nehmen lassen, den Pfad der pädagogischen Leid- und Leitfigur einzuschlagen. Unerschrocken und unverzagt gehen sie ans Werk und tragen die steinalte Fackel der geistigen Erleuchtung in die Schulstuben der Nation.

"Freizeitberuf" Lehrer

"Ach so, Sie sind Lehrer? Oh, auch noch verbeamtet! Wie schön für Sie." - Oft gilt es neidvollen, fast mißgünstigen Blicken standzuhalten, sobald ein Pädagoge in der Öffentlichkeit seine beruflichen Hüllen fallen läßt. Plötzlich steht man da wie ertappt, so als hätte man sich bei der Verteilung der Weihnachtsgeschenke gleich viermal angestellt: Einmal hat man kaum Arbeitszeit, dann das üppige Gehalt, die endlosen Ferien und schließlich noch die sichere Pension.

Bei allem Respekt, den die Durchschnittsbevölkerung vor dem Korrekturstift des Lehrers hat, bei aller Anerkennung seines fachlichen Durchblicks, ein Lehrer steht oft unvermittelt im Verdacht, nur ein begabter Faulenzer zu sein. Zudem sehen alle diejenigen, die nicht gerade selbst Lehrer sind, im

Lehrerberuf den Traumjob schlechthin. Der Schulmeister gilt gemeinhin als das prallste Ruhekissen aller Professionen, das Non-Plus-Ultra im kollektiven Freizeitpark, die früheste Form des Frührentnertums.

Die Anzahl der Frühpensionierungen nimmt bei Lehrern kontinuierlich zu

Natürlich gibt es auch handfeste Anzeichen dafür, daß an solchen Thesen etwas dran sein könnte. Wenn beispielsweise der Krankenstand im Kollegium urplötzlich in die Höhe schnellt, sobald die Ferien in Reichweite kommen, oder wenn immer wieder strategisch geschickt gewähltes Krankheitstiming die Brückentage zwischen gesetzlichen Feiertagen und dem Wochenende für einen Sonderurlaub ausfüllt. Auch wenn sich die Hälfte des Kollegiums eine zusätzliche Ski-Woche in der Zeit zwischen Weihnachten und Ostern leistet, stimmt das manchen Neider nachdenklich. Diese Ski-Woche wird teilweise schon mit einer derartigen Penetranz in Anspruch genommen, daß man in einigen Bundesländern bereits dazu übergegangen ist, einfach zehn Tage Ferien zu geben, denn die Lehrer wären so oder so in ihrem Skiurlaub.

Auch die Anzahl der Frühpensionierungen nimmt bei den Lehrern kontinuierlich zu. Was auch immer im Einzelfall die wirklichen Ursachen sein mögen, nach der Ansicht von Neidern hat sich unter Lehrern angeblich ganz einfach herumgesprochen, daß sich eine Pension vor dem Pensionsalter viel angenehmer und vor allem auch länger genießen läßt.

Häufiger Stundenausfall an bestimmten Tagen und schlampig geführter Unterricht bringen den Lehrer in den Augen der Eltern heutzutage viel schneller ins Zwielicht des Abzockers als dies früher der Fall war. Damals nahm man dem Lehrer noch den Idealismus ab, denn der Lehrer hatte in den Augen der Bevölkerung noch lange nicht den Privilegienstandard wie heute.

Der engagierte Lehrer empfindet solche Vorstellungen als unerträglich. Sein natürliches Korrekturbedürfnis ist gefordert. Er möchte sich wehren, alles richtigstellen. Mit Händen und Füßen ist er bemüht, sich ins rechte Licht zu setzen und erreicht damit immer wieder nur, daß er am Ende in den Augen der Ignoranten wie ein wehleidiger Glückspilz dasteht, der sich über ein Schicksal beklagt, von dem andere nur träumen.

Was immer ein Pädagoge auch unternimmt, um das wahre Ausmaß seiner Verantwortung und Bemühungen zu vermitteln, in der Rolle der Rechtfertigung macht er keine besonders gute Figur. Kein Mensch nimmt ihm seine Probleme angemessen ab. Man lächelt ihn an und sagt scheinbar anteilnehmend: "Ja, ja, das ist kein leichter Job, in deiner Haut möchte ich nicht stecken." In Wirklichkeit aber denkt jeder: "Mein Gott! Von diesen Problemen kann ich nur träumen! Das ist vielleicht eine Flasche!"

Kein Mensch außerhalb der Schule macht sich eine Vorstellung davon, was es tatsächlich heißt, Tag für Tag vor der Klasse zu stehen und den Unterricht über die Bühne zu bringen. Viele glauben, selbst viel besser und unproblematischer mit Schülern auskommen und ihnen den Stoff viel schneller eintrichtern zu können. So ist das Image des Lehrerberufes ein eigenartiges Gebilde aus einer gewissen Anerkennung für den Berufsstand im Allgemeinen und blankem Sozialneid im Besonderen. Bei der kleinsten Fehlleistung sackt der Lehrer in der Wertschätzung sang- und klanglos ab.

So gesehen ist der Lehrerjob eine knallharte Angelegenheit für Leute mit Nerven wie Drahtseilen und einem dicken Fell. Die meisten Pädagogen aber haben Nerven wie Spinnweben und das Fell eines chinesischen Nackthundes während der Mauser. Das ist ihr wahres Problem.

Härteberuf Lehrer

Wer gestandene Lehrer zu ihrem beruflichen Ursprungsmotiv befragt, sollte sich auf einen schier endlosen Vortrag gefaßt machen und für alle Fälle ein saugfähiges Taschentuch bereithalten. Natürlich gibt es auch die Lehrerkollegen, die ihre Geschichte kurz und knapp auf den Punkt bringen: "Ich dachte mir, in welcher Branche gibt es einen guten Stundenlohn bei optimaler sozialer Absicherung, mit üppiger Altersversorgung und möglichst vielen Urlaubstagen. Ich erkannte, der Lehrerberuf war die einzig vernünftige Berufsalternative für mich." - Über solche ehrlichen Antworten freut man sich, doch stellt sich - wenigstens für Kenner der Materie - sofort auch die Frage, wie sich ein halbwegs intelligenter junger Mensch trotz aller oberflächlichen Vorteile dieses Berufes auf das Wagnis "Lehrer" einlassen kann.

Lehrer beim Härtetraining

Ein routinierter Lehrer arbeite höchstens 32 Stunden pro Woche, sagt man. Aber was für Stunden sind das! In diesen Stunden muß ein Lehrer notfalls in der Lage sein, Nachrichtensprecher, Feuerwehrhauptmann, Show-Master, Löwenbändiger und Gefängniskaplan in einer Person zu verkörpern!

Ein einfacher Vergleich zeigt schon, wo der Hase im Pfeffer liegt: Ein Nachrichtensprecher liest pro Tag vielleicht zwei- bis dreimal seine vorgefertigten Nachrichten vom Blatt, einfaches deutsch ohne besondere Ansprüche. Er muß im Grunde nicht einmal begreifen, was er vorliest, Hauptsache, er bekommt zwischendurch keinen Schluckauf und keinen Lachanfall, während er ein Unglück vorliest. Ansonsten schäkert er in der Kantine des Senders mit den Sekretärinnen der Nachrichtenredaktion herum.

Ein Feuerwehrmann vertreibt 80% seiner Arbeitszeit mit Pokern und Kniffel. Die restliche Zeit betreibt er Fortbildung in Form von Horror- und Katastrophenfilmen. Wenn es wirklich einmal Alarm gibt, so ist es mit etwas Glück ein Fehlalarm und man kann auf dem Rückweg gleich noch frische Brötchen und ein paar Zeitungen holen.

Auch Gefängniskaplane oder Raubtierdompteure erleben in der Regel einen wesentlich angenehmeren Arbeitsalltag als Lehrer, ausgenommen vielleicht die wenigen Extremsituationen, in denen ein Kaplan die aufwendigen Beichten seiner Schäfchen abnehmen muß oder ein Dompteur die Fütterung seiner Lieblinge vergessen hat, bevor er in die Manege tritt.

Was immer man als Vergleichsberuf wählt, man kommt schnell zum Ergebnis, daß es in den meisten anderen Berufen wesentlich geruhsamer und übersichtlicher zugeht als ausgerechnet in der Schule.

Die pädagogische Herausforderung

Warum also entschließen sich trotzdem noch so viele junge Menschen für den Lehrerberuf? Die Erklärung liegt auf der Hand: Der Beruf des Lehrers, es klingt fast paradox, ist eine der letzten wirklich großen beruflichen Herausforderungen, die uns noch geblieben sind. Während sich alle anderen Risiko-Berufsfelder bei objektiver Betrachtung als schaumschlägerische Schaukampfarenen ohne echte Herausforderung offenbaren, führt der Lehrer täglich einen einsamen Real-Existenzkampf über etliche Unterrichts-Runden. Sein oder Nicht-Sein heißt es da, mittendrin ohne Netz und doppelten Boden. Keine Stunts, Regieklappen und zweite Versuche! Kein Coach in der Ecke, keine Muntermacher-Ehefrau auf den Rängen! Kein Führer für unsi-

Wenn die Übung zum Desaster gerät...

cheres Terrain, keine kugelsichere Weste, nur die Pause! Lehrer zu sein, ist mit Abstand die schwierigste Herausforderung der Berufswelt, denn nackt und bloß hat sich der Pädagoge den Anforderungen zu stellen.

Allen wahren Pädagogen gilt diese Herausforderung als Urmotiv für ihre Berufswahl: Ganz auf sich allein gestellt ein kritisches Publikum mit wunderschönen Bildungskapriolen zu begeistern. Doch dieser Traum kann schnell zum Alptraum werden, wenn die Übung zum Desaster gerät und das Publikum aus den unsichtbaren pädagogischen Zügeln gleitet.

LEHRER & LEHRERINNEN

Die ersten Regungen

Denken Sie doch einmal an Ihre früheste Kindheit zurück. Wie war das? Können Sie sich noch an die schönen Momente erinnern, als Ihnen die Gesichter Ihrer Eltern plötzlich wie aus einem Urnebel entgegengrinsten und Ihnen instinktiv nichts anderes einfiel, als entweder ebenfalls zu grinsen oder laut zu schreien? Wissen Sie noch, wie Ihnen jemand das erste Mal diesen albernen Kinderreim "Ei-dei-dei, Ei-dei-dei, Gulle-Gulle, Ja-Ja-Ja" usw. entgegenlallte?

Vermutlich wird sich kein erwachsener Lehrer mehr exakt an diese Sternstunden seiner ersten Sozialerfahrungen erinnern können, doch seien Sie gewiß, Sie haben sie irgendwo abgespeichert! Auch werden Sie sich wohl nicht an jene Momente erinnern, als der erweiterte Familienkreis um Ihr Bettchen versammelt war und verzückt Ihren ersten Tönchen lauschte und wie Ihr erstes sattes Bäuerchen von ohrenbetäubendem Jubel der Umstehenden begrüßt wurde. Möglicherweise hat Ihnen schon damals imponiert, wie mit kleinsten Regungen der Ärmchen die Augenbrauen und Mundwinkel der vor dem Himmelbettchen versammelten Personen in uniforme Aufwärtsbewegungen versetzt wurden, und wie mit simplen Gurgellauten alle Umstehenden zum entzückten Schmelzen gebracht werden konnten. In solchen Momenten fühlt sich jedes kleine Kind unheimlich groß: Es ist die erste faszinierende Begegnung mit den geheimen Wirkungspotentialen der eigenen Person.

Diese Kern-Erfahrung hat in manch sensiblem Würmchen schon in diesem präbewußten Stadium gravierende Spuren hinterlassen. Das Bedürfnis nach ausgiebiger Selbstdarstellung gegenüber den anderen Mitmenschen bleibt dann unauslöschlich. Immer wieder werden neue Faxen und Klangwunder ausprobiert, um die Zuschauer bei Laune zu halten und das Publikum an sich zu binden.

Ist der Grundstein zum Allein-Darsteller einmal unwiderruflich gelegt, fragt sich nur noch, ob am Ende "nur" ein Lehrer dabei herauskommt oder gar ein neuer Thomas Gottschalk. Wie jeder weiß, haben viele heutige Show-Größen, darunter eben auch Gottschalk, zunächst den steinigen Pfad des Pädagogen eingeschlagen, um sich dann für eine anspruchslosere Lösung im Show-Business zu entscheiden.

Gemeinsam aber ist allen die positive frühkindliche Erfahrung mit einem begeisterten Publikum. Eine Erfahrung, die jeder Lehrer fast sprichwörtlich in der Wiege gemacht hat.

Frühkindliche Schlüsselerlebnisse

Wann trennt sich die Entertainer-Spreu vom Pädagogen-Weizen? Um zum Pädagogen erkoren zu sein, braucht es eines zusätzlichen Schlüsselerlebnisses. Dies kann in Form eines Bekehrungsschocks eintreten, eines plötzlichen Aha!-Erlebnisses, das in uns das schlummernde Bewußtsein für höhere Aufgaben weckt.

In einem Fall erinnert sich ein Pädagoge noch sehr gut an seine ersten Versuche mit Streichhölzern. Ihn faszinierte die kleine Zauberei mit der aufprasselnden Flamme auf der Spitze des kleinen Hölzchens, die sein Vater immer veranstaltete, wenn er seine Pfeife entflammte. Kaum, daß er seine ersten ödipalen Regungen verspürte, wollte auch er in den Besitz dieses Zaubers kommen, um damit seiner Mutter zu imponieren. Doch schon die ersten geheimen Versuche mit dem väterlichen Feuer schlugen fehl, wobei dem ehrgeizigen Selbstdarsteller die gesamte Legosammlung zu einem häßlich stinkenden Klumpen einschmolz, ganz zu schweigen vom elterlichen Reihenhaus. Das Ergebnis war ein ödipaler Rückschlag, ein allgemeines Gefühl, sein ganzes Glück naiv-leichtfertig aufs Spiel gesetzt zu haben. Der kleine Junge konnte das Trauma später jedoch in der Rolle des Chemielehrers für sich problemlos lösen. Er hatte sich die Bändigung der Elemente zur Lebensaufgabe gemacht und ließ zur Sicherheit bei seinen feuerspeienden Experimenten die Brillenträger immer in der ersten Reihe sitzen.

LEHRER & LEHRERINNEN

Lehrerfamilie zu Beginn der fünfziger Jahre

In einem anderen Fall handelte es sich um einen späteren Sportlehrer, der auf einem Spaziergang mit seinen Eltern nach einer ziemlich waghalsigen Schaukelei aus der Sportkarre gefallen war und anschließend nur noch fest angeschnallt ins Freie durfte. Auch hier führte das Schlüsselerlebnis direkt in die spätere Lebensaufgabe: den ungeschickten Schülern Hilfestellung an Reck und Ringen geben.

Selbst Deutschlehrer haben ihre Schlüsselerlebnisse. Einem Deutschlehrer wurden seine ersten Worte zum Verhängnis. Seine Eltern betrieben eine überregional respektierte Bullterrier-Zucht. Eines Tages feierten sie ihr zehnjähriges Betriebsjubiläum, aus dessen Anlaß sie auch regionale Entscheidungsträger und hundescheue Kritiker einluden. Die Feier entwickelte sich prächtig, man ließ sogar einige der besten Kampfbeißer frei herumlaufen, um deren Diszipliniertheit unter Beweis zu stellen und den Gegnern den Wind aus den Segeln zu nehmen. Der Kleine war natürlich auch ein Mittelpunkt, und als er einmal von etlichen Gästen umringt war, die er mit seinen Kaspereien begeisterte, sprach er bei dieser Gelegenheit unvermittelt laut und deutlich seine ersten Worte: "Faß! Faß! Faß!". Die Eltern mußten am nächsten Tag die Kampfhundzucht schließen und sattelten bald auf Goldhamster um.

Dieses frühkindliche Trauma ließ sich am besten in der Rolle eines späteren Deutschlehrers verarbeiten. Nun wacht er über den verantwortungsbewußten Umgang mit der Macht des Wortes.

Die Geschwisterposition

In kaum einem anderen Berufsfeld ist die Stellung in der Geschwisterreihe so bedeutsam wie bei den Pädagogen. Zunächst finden wir selten Lehrer, die als isoliertes Einzelkind aufgewachsen sind. Einzelkinder entwickeln nur dann Ambitionen für den Lehrerberuf, wenn sie früh Verantwortung für sich oder andere übernehmen mußten. So berichtete eine Mathematik-Lehrerin, daß ihre Mutter nie mit ihrem Haushaltsgeld auskam und sie daraufhin die Verwaltung des häuslichen Etats übernahm, sobald sie sicher den Zahlenraum bis Hundert beherrschte.

Solche Schicksale von Einzelkindern, die sich durch die frühe Übernahme von Verantwortung zum Lehrer mausern, sind aber eher die Ausnahme. Da Einzelkinder in aller Regel nach Strich und Faden verwöhnt werden und in Ermangelung des regelmäßigen Streit-Trainings mit Geschwistern wenig Durchsetzungsvermögen entwickeln, sind sie für das harte Geschäft des Schulalltags meist zu schlapp. In jedem Kollegium sind die größten Jammerlappen mit Sicherheit die Einzelkinder. Das sind die tragischen Fälle der offensichtlichen Berufsverfehlung, die sich vor jedem Unterricht auf dem Lehrerklo erst mal heimlich einen Psychopharmaka-Flash einkicken müssen, weil sonst in ihren schwitzigen Händen die Kreide schmilzt.

Erstgeborene

Viel typischer sind die Lehrer, die als Erstgeborene einer ganzen Horde von Geschwistern mehr oder weniger freiwillig vorgeordnet waren und daher von Anfang an die Perspektive des pädagogischen Vorbilds verinnerlichen mußten. Für sie bedeutet der Lehrerberuf praktisch die ungebrochene Fortsetzung ihrer Kindheitserfahrungen. Als Erstgeborene thronten sie zunächst im Mittelpunkt der jungen Familie und konnten für kurze Zeit die volle Aufmerksamkeit ihrer Eltern genießen. Doch oft schon nach einem Jahr betritt ein kleiner Konkurrent die familiäre Bühne. Sofort wurde in aller Regel ein erbittertes Gerangel um die Gunst der Eltern ausgefochten, bei dem der "Erste" stets den kürzeren zieht, denn er muß unter dem Druck der Eltern Privilegien und Zuwendungserwartungen abgeben.

Auf viele "Erste" wirkt sich dieses Entthronungserlebnis zunächst traumatisch aus: Sie entwickeln leichte Zwangsneurosen, neigen in ihren

Reaktionen zu Verschlossenheit, chronischer Introversion, oder aufmerksamkeitsheischendem Bettnässen, denn sie fühlen sich ungerecht behandelt, ausgestoßen und abgelehnt. Sie versuchen später, ihr Dilemma durch übermäßige Identifikation und Anpassung an die Normen der Erwachsenenwelt zu lösen. Mit diesen Schleimermethoden streben sie danach, die Sympathien der Erwachsenen auf sich zu ziehen, indem sie in deren Rolle schlüpfen und noch strenger und gewissenhafter als diese selbst über die Einhaltung von Ordnung und Sauberkeit achten. Sie petzen, biedern sich mit kleinen Gefälligkeiten an, nutzen jede Gelegenheit, sich selbst den Heiligenschein aufzustülpen und gehen andererseits auch so weit, die Kleinen in fiese Fallen zu locken, um sie anschließend sofort anschwärzen zu können.

Damit übernehmen sie allerdings automatisch auch Verantwortung. Sie entwickeln Ordnungsliebe, Pflichtbewußtsein und Organisationstalent und einen feinen Sinn für die Schwächen und Stärken ihrer Schützlinge. In ihrer Grundpersönlichkeit bleiben sie konservativ, angepaßt und urteilen spontan wie die Eltern in moralischen Standards. Manchmal enthält ihre Haltung gegenüber anderen leicht eine besserwisserische, kleinlich-haarspalterische und sogar nörglerische Note. Alles Nuancen, die wir später auch bei gestreßten Lehrern finden. Die Erstgeborenen bilden somit die "Königsposition" für den späteren Lehrerberuf.

Zweitgeborene

Zweitgeborene dagegen wird man nur selten unter Lehrern finden. Sie sind selbst viel zu rebellisch und unkontrolliert, um sich zum verantwortlichen Anleiter einer chaotischen Schülerhorde zu machen. Sie reagieren auf jede Autorität und Bevormundung allergisch und entwickeln einen halsstarrigen Dickkopf, wenn es darum geht, sich gegen einen "Besserwisser" durchzusetzen. Sie sind für die Rolle des schwierigen Schülers prädestiniert, eine Tatsache, die sich häufig in den Autori-

tätsproblemen widerspiegelt, die der Lehrer später gerade mit zweitgeborenen Schülern oder Eltern hat. Dann nämlich werden auf beiden Seiten wieder unbewußt alte Rivalitäten geweckt, die die Kommunikation in eine fatale Konkurrenzsituation treiben.

Natürlich gibt es auch Zweitgeborene, die sich als Lehrer sogar hervorragend machen. Sie mausern sich im Vergleich zu Erstgeborenen als ausgesprochen kommunikativ und gewinnen aufgrund ihrer unbekümmerten "Siegerlaune" mit großer Leichtigkeit die Sympathien der Mitmenschen. Als Lehrer haben sie es somit oft sogar viel leichter als die ernsthaften "Ersten". Sie entschließen sich aber nur dazu, wenn sie sich in ihrer Kindheit zur eigentlichen Führungsfigur unter ihren Geschwistern entwickelten, was ihnen aufgrund ihrer unbekümmerten und unverfrorenen Art auch häufig gelingen kann.

Alle anderen Möglichkeiten der Geschwisterposition, das "Mittlere" und das "Nesthäkchen", findet man eher selten unter den Lehrern, und wenn, dann wieder nur unter bestimmten Bedingungen, die direkt mit der Rolle des Vorbildes und der Verantwortungsübernahme zusammenhängen.

Unbewußte Komplexe aus der Kindheit

Jeder hat sein Päckchen aus der Kindheit zu tragen. Lehrer bilden da keine Ausnahme, denn auch sie schleppen jeden Morgen ein unsichtbares Köfferchen mit kindlichen Komplexen in ihre Schule. Dort äußern sich solche unbewußten Komplexe in beiläufigen Irritationen, die kaum einem Außenstehenden auffallen.

Fast jeder Lehrer hat seine Macke. Der eine kann Trennungen von Worten nicht ausstehen, weil seine Eltern sich geschieden hatten. Ein anderer möchte keine Fingerabdrücke auf den Klassenarbeiten und Zeugnissen hinterlassen, weil er glaubt, möglichen späteren Regressansprüchen damit vorzubeugen. Andere, vor allem Geschichtslehrer, lassen sich nur als "Bonaparte" anreden und schieben immer die rechte Hand in die Anzugweste, und kein Mensch weiß warum.

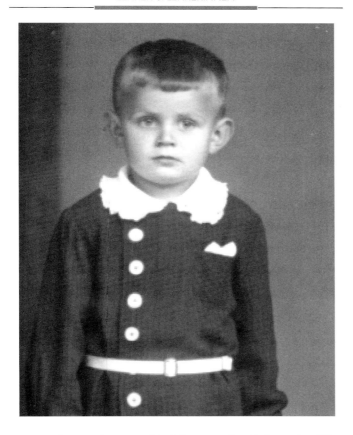

"Einstein ist tot, Newton ist tot, und mir ist auch schon ganz schlecht!"

Doch was immer die Macken der Lehrer im Einzelnen auch sind, sie sind allesamt harmlos, das sei endlich an dieser Stelle einmal festgehalten. Wie oft wird ein Lehrer allein an seinen Macken und Verschrobenheiten gemessen! Das ist schlichtweg nicht nur unfair, sondern auch überflüssig! Ein Lehrer ohne Macken ist wie ein Schauspieler ohne Charisma. Daher sollten sich Lehrer ihre kleinen Handicaps aus der Kindheit durchaus gönnen.

Die Lieblingsspiele der Kindheit

Wenn Lehrer sich an ihre Lieblingsspiele aus der Kindheit erinnern, so kommen sie unweigerlich auf die klassischen Rollenspiele, die seit Generationen rund um Puppenhaus und Sandkasten Tradition sind. Lehrer sind leidenschaftliche Rollenspieler, deren Phantasie keine Grenzen kennt und die jeden Strohhalm aufgreifen und daraus eine endlos verwickelte Dramaturgie flechten können. Selbst einfachste Würfelspiele animieren sie dazu, vor allem, wenn ihnen das Wasser bis zum Hals steht.

So bilden sie sich kurz vorm Verlieren ein, sie wären ein von Seeräubern gefangener Kapitän ihrer Majestät, der Königin, der in einer schäbigen Spelunke um sein Leben würfeln muß. Sie können sich dermaßen hineinsteigern, daß die Mitspieler praktisch gezwungen sind, bei diesem Drama mitzuspielen und die zugewiesenen Rollen zu übernehmen. Natürlich wird das Spiel so enden, daß der Kapitän seinen Kopf mit Hilfe eines geheimen Würfeltricks aus der Schlinge ziehen kann.

In ähnlicher Weise spielen zukünftige Lehrer Kinderärztin und die Spielkameraden spielen besorgte Eltern, kranke Kinder und Pflegepersonal. Oder sie spielen Großwildjäger mit dem Haushund als Leoparden und den anderen Mitspielern als Treiber und Freßopfer oder auch einfach Verkehrspolizei, mit Alkoholkontrollen, echtem Wein und Strafzetteln, die mit dem Taschengeld der Mitspieler und Gefängnis zu begleichen sind. Was immer sie sich auch ausdenken, es wird mit großem Engagement in Szene gesetzt, wobei sie Regie und

Hauptrolle jedesmal konsequent in einer Person verkörpern. Die spielerische Führungsrolle, die Gelegenheit, sich seine Umgebung und seine Erlebniswelt nach eigenen Vorstellungen und Einfällen gestalten und manipulieren zu können, das ist seit der Kindheit die Lieblingsrolle des Lehrers.

Auch später vor der Klasse ist dieses Motiv immer wieder handlungstreibend, auch wenn viele Lehrer dies nicht wahrhaben wollen, weil es ihrem Neutralitätsanspruch widerspricht.

Doch woher stammen die klassischen Schülerrollen, die den Unterricht beleben und eine Unterrichtsstunde zum unterhaltsamen Theater machen? Wer weckt den albernen Klassenkasper, den verschrobenen Primus, den souveränen Sportler, die kokette Maus und den idealistischen Rebellen? Die Rollen verteilt der Lehrer! Und welcher Lehrer ist nicht insgeheim stolz auf eine Klasse, in der alle Rollen hervorragend besetzt sind?

Verhältnis zu den Eltern

Das Verhältnis zu den Eltern ist der Schlüssel zum späteren Unterrichtsstil des Lehrers. Auch wenn viele Lehrer sich vornehmen bzw. sich einbilden, es anders und besser machen zu wollen als ihre Eltern, so hat sich ihnen deren Vorbild unweigerlich eingeprägt. Lehrer haben die elterliche Autorität schon mit der Muttermilch in sich aufgesogen. Konflikte zwischen ihnen und den Alten entstehen nur bei der Auslegung, nicht aber am Prinzip des natürlichen pädagogischen Gefälles zwischen Alten und Jungen, Lehrern und Schülern. Die kleinen Lehrer sind die typischen Modell-Lerner: Sie machen einfach mit Begeisterung nach, was andere ihnen vorkauen und wollen eben nicht ums Verrecken mit Originalität auffallen. Sie orientieren sich ausschließlich an den Eltern. Ihnen eifern sie unermüdlich nach.

Vielen Eltern ist es eigentlich ganz recht, wenn ihre Kinder das Modell-Lernen zu ihrer Lieblingsbeschäftigung machen. Doch hat die Begeisterung der Eltern schnell ein Ende, wenn die Nachahmung in die Intimsphäre und die Trink- und Eßgewohnheiten der Autoritäten übergreift. Ein lautes, spontanes Rülpsen, sauber im Ton und ohne Essensreste abgedrückt, erfreut die Eltern nur bis zu einem gewissen Alter. Später darf das nur noch der Vati.

Zukünftige Lehrer lernen "gutes" und "schlechtes" Modell-Lernen relativ schnell zu unterscheiden, d.h. sie verstehen schneller als andere Kinder, den Erwachsenen nur die guten Modelle vorzuzeigen und die schlechten für die elternfreien Nachmittage zu reservieren.

Somit ist das Verhältnis zu den Eltern bis zur Pubertät zwar nicht völlig offen, aber doch weitgehend entspannt. Das Lehrerkind respektiert die Grundautorität und nimmt sich hintenrum den Fun, den es braucht. Das Motto heißt: Was die Regierung nicht weiß, macht sie nicht heiß. Aus Sicht der Eltern scheint sich das Kind völlig normal zu entwickeln, vielleicht bis auf die Tatsache, daß es sich fast ein bißchen zu normal gibt. Ein leichtes Mißtrauen über die Zuverlässigkeit des schönen Scheins scheint angebracht.

Die Jugendzeit

Zu echten Komplikationen zwischen Kind und Eltern kommt es frühestens in der Pubertät, wenn überhaupt. Auf einmal mupft der brave Modell-Lerner auf, denn das Modell der Peer-Group gewinnt an Bedeutung. Kein Pubertätspickel möchte sich seinen Start in die Welt der entfesselten Hormone als inkompetenter Hinterwäldler vermasseln. Plötzlich paßt dem Kind am Erziehungsstil der Eltern dieses oder jenes nicht.

Morgengrauen: Das ist das Gefühl beim Aufwachen, wenn man weiß, daß man in die Schule muß

Einsichtige Eltern erkennen nun, daß das Kind seine eigenen Maßstäbe entwickelt und lassen sich klugerweise nicht zu keiltreibenden Kontra-Debatten provozieren. Sie betreiben eine konsequente Taschengeldpolitik, lancieren damit die Ambitionen ihres Rebellen in die erwünschte Richtung, machen sich selbst zu Protagonisten eines neuen Zeitalters und überraschen mit einem radikal neuen Outfit. Mit dieser Taktik haben die Eltern sich bald wieder als akzeptables Modell etabliert und die alte Ordnung ist wieder hergestellt. Auch später, wenn sich das Kind schon lange im Schuldienst bewährt hat, ist das Verhältnis meist ungetrübt, denn die Eltern haben allen Grund, auf ihr Kind stolz zu sein, hat es doch einen vorbildlichen und krisenfesten Beamtenstatus mit den günstigen Baudarlehen erreicht.

Die eigene Schulzeit

Vermutlich kann kaum jemand seine Schulzeit uneingeschränkt als die schönste Zeit seines Lebens bezeichnen. Für einige Pechvögel war die Schule mit Spießrutenlauf in einer Hamstertrommel vergleichbar. Jeden morgen schlichen sie bedrückt in die Schule, als wären sie zum Steinekloppen im Untertagebau verdonnert. Bis Mittag saßen sie dann auf ihren Stühlen wie Kandidaten der Inquisition auf der Nagelbank und warteten sehnsüchtig auf das letzte erlösende Klingelzeichen, das ihnen das goldene Zeitalter der Freizeit ankündigte.

Doch auch die Pechvögel hatten ihre Sternstunden in der Schule. Sei es, daß sie beim Schummeln erwischt wurden und noch vor Beginn des Spielfilms im Ersten nach Hause gehen konnten, oder daß sich der Direktor im Schulflur auf ihrer Bananenschale langmachte und sie deshalb endlich die Schule wechseln durften. Immer wieder gab es Momente, in denen auch dem schulunlustigsten Schüler ein Lächeln über die Lippen glitt, die Momente, an die man sich später wirklich gern erinnert.

Die Lehrer bilden da keine Ausnahme, aber sie haben während der Schulzeit einen stärkeren inneren Bezug zur Schule entwickelt als andere Berufsgruppen. Fast jede(r) hat in jungen Jahren vielleicht irgendwann einmal für einen Lehrer oder eine Lehrerin geschwärmt, hat mit Zuckerblick jeden seiner/ihrer Fingerzeige verfolgt und sehnsüchtig darauf gewartet, die Klassenarbeit aus ihrer/seiner Hand entgegenzunehmen, um sich seufzend der

"Für dieses Zeugnis müßte es eigentlich Prügel geben!"
"Finde ich auch Mami, komm, ich weiß wo die Lehrerin wohnt!"

saft-roten Korrekturzeichen aus ihrer/seiner Hand hinzugeben. Bei den halbwüchsigen späteren Lehrern jedoch hat sich diese Schwärmerei auf einer höheren Ebene vollzogen. Für sie hat die Romantik nicht nur mit der umschwärmten Person zu tun, sondern auch mit deren Funktion. Die überirdische Weisheit, die feinsinnige Schlagfertigkeit ihres Idols und die ästhetische Koloration der gewählten didaktischen Struktur, all dies zusammen sind Dinge, die kein profaner Durchschnittsschüler zu würdigen weiß, wohl aber ein späterer Lehrer. Kurzum, während der Durchschnitt ab einem gewissen Alter, in dem normalerweise neben anderen Dingen auch ernsthafte Berufswünsche in einem Heranwachsenden reifen, den Lieblingslehrern in den Ausschnitt bzw. auf den Popo schielt und sich dabei recht einseitige, ja geradezu primitive Gedanken macht, schwelgt der spätere Lehrer in der Choreographie des Unterrichts und betet den Lehrer seiner Wahl wie eine bewundernswerte Primadonna an.

An solch ein idealisiertes Idol kann sich fast jeder Lehrer noch erinnern. Dafür hat er auch Überstunden gemacht, hat Arbeitsgemeinschaften besucht, an Projekten mitgearbeitet und hat sich immer gemeldet, um die peinliche Stille nach einer Frage zu überbrücken, denn einen Lehrer in spe erkennt man vor allem am Verständnis für die Nöte des Praktikers.

Die Uni-Zeit

Die Lehramtsstudenten sind mit Abstand die unauffälligsten Studenten des Uni-Alltags. Selbst Pharmazie- oder Agrarstudenten bringen mehr Flair auf den Campus als die langweiligen und unscheinbaren Lehrer. Die Erklärung ist einfach: Für künftige Lehrer sind die Institute an Uni oder PH nur ein unbedeutender Nebenschauplatz des Studentenlebens. Hier lohnt sich der Einsatz für sie kaum. Folglich reißen sie in aller Stille ihre Seminare ab und machen dezent die geforderten Scheine.

In der Cafeteria werden sie dann schon eher einmal munter. Lehramtsstudenten lassen sich leicht an ihrem Sitzfleisch und den gestapelten Kaffeebechern und Kuchenschälchen auf dem Cafeteria-Tischen ausmachen. Wer Gesprächsfetzen der illustren Gesellschaft auffängt, dem fällt auf, daß sich diese Studenten im Gegensatz zu ihren Kommilitonen ganz selten mit Fachinhalten abgeben, sich dafür aber immer über den Dozenten das Maul zerreißen ("Wie fandet ihr seine Krawatte heute? Er hatte schon wieder diesen feisten Blick, habt ihr das gesehen?"). Außerdem scheint nur wichtig zu sein, wer was gesagt hat, wann und wo die nächste Fete startet, wer ein neues Auto fährt und wer wieder einmal unmöglich war.

Instinktiv erfassen Lehramtsstudenten, daß nicht so sehr die fachliche, sondern in erster Linie die soziale Kompetenz über Wohl und Wehe des späteren Berufserfolges entscheidet. Sie wenden sich daher vor allem dem Studium der sozialen Ereignisse zu. Zudem haben gerade die Lehramtskandidaten hier einen enormen Nachholbedarf, denn das Studium gibt ihnen das erste Mal im Leben freie Bahn: keine nahen Elternvorbilder mehr, keine Lehreridole, keine Verantwortung für irgendetwas und irgend jemand. Also das erste und das letzte Mal bis zum Wiedereintritt in die Schule, die ultimative Gelegenheit, sich auszutoben.

Dementsprechend exzessiv feiern und genießen sie. Richtig in Fahrt kommen sie dann abends auf den Feten und in den Kneipen, wenn die anderen Studies schon lange im Bett liegen, um für die Früh-Vorlesung fit zu sein. Das Studium dient eigentlich nur als allgemeiner Orientierungshintergrund im Dauertaumel der Euphorie. Wen wundert's, wenn bei diesem Streß immer wieder einige den roten Faden verlieren und ins Taxi- oder Kneipengeschäft abwandern.

Diejenigen aber, die ihr Studium ordnungsgemäß beenden, werden sich später immer wieder voller Wehmut an die schönen Stunden an der PH oder Uni erinnern, wo sie nach anstrengenden Nachtstudien in aller Ruhe bis Mittag durchschlafen konnten, um anschließend in der Mensa bei Schonkost mit der Studienclique das abendliche Programm besprechen zu können.

Semesterfete in den dreißiger Jahren

Auch wenn der angehende Lehrer von vielen seiner Kommilitonen aus den anderen Fachbereichen nicht ganz ernst genommen wird, so liegt das allein am puren Neid, denn ihm ist diese Erfahrung nicht zu nehmen: Der Lehrer verhält sich vorausschauend genug, um die Zeit des Studiums hemmungslos zu genießen, denn er weiß, diese Gelegenheit wird sich nur einmal bieten.

Referendarzeit

Himmelhoch jauchzend - zu Tode betrübt. So läßt sich das Stimmungsgefälle zwischen Studium und Referendariat am besten umschreiben. Während der Referendarszeit hört man Lehramtsanwärter immer nur jammern und stöhnen. Vom Praxisschock wie gelähmt vegetieren sie von Monat zu Monat im Verborgenen vor sich hin, machen ihre Stundenvorbereitungen, meditieren über Stoffverteilungsplänen und simulieren im Geist den Verlauf bevorstehender Demonstrationsstunden.

Im Referendariat schlägt die Stunde der Wahrheit, nun heißt es Sein oder Nicht-Sein, also entweder den Herausforderungen der Praxis standhalten können oder auf Versicherungsvertreter umschulen müssen. Wer sich nun nicht über Wasser halten kann, der wird es im Haifischteich des Schulalltags sehr, sehr schwer haben.

Die jungen Referendare wissen das und entsprechend überspannt ist ihr Nervenkostüm. Blaß und hohläugig sitzen sie morgens am Kaffeetisch, heben mit zittriger Hand gedankenverloren ihre Tasse an die Lippen und murmeln dabei wie tibetanische Mönche didaktische Wunderformeln vor sich hin. Es erweckt den Eindruck, als stünden ihnen jeden Tag schreckliche mündliche Examensprüfungen bevor. Die frühere Disco-Clique erkennt bald, daß man einen Referendar nur noch mit Samthandschuhen anfassen kann und reduziert die Anforderungen im Unterhaltungsprogramm freiwillig. Die Zeit der feuchtfröhlichen Nachtschwärmerei ist nun schlagartig abgeschlossen. Der Referendar gönnt sich abends höchstens noch ein klei-

LEHRER & LEHRERINNEN

*Referendarin:
"Die Mutter hat sechs Kinder und zwölf Äpfel, die sie unter den Kindern gleichmäßig aufteilen will. Was macht sie da?"
"Apfelmus!"*

nes Glas Rotwein, um seinen Traumgenerator etwas zu dämpfen und sinkt spätestens gegen 22.00 Uhr ermattet in die Federn.

Manch einer muß die Rotweindosis im Laufe der Zeit allerdings gewaltig steigern, denn Referendarzeit ist Alptraumzeit: Schulräte mit messerscharfen Geodreiecken kreisen im Fledermaus-Outfit still und hoch über dem Schulhof - Seminarleiter schleichen wie schwarze, hungrige Katzen um das Pausenbrot des Referendars - Schulleiter stehen als Polizisten plötzlich mitten im Schlafzimmer, verlangen die Wagenpapiere und wollen dem Referendar ein Strafmandat wegen Falschparkens ausstellen - ganze Legionen von Schülern mit Rattengesichtern und scharfen, blitzenden Füll-Federhaltern an den Pfoten sind in dunklen, endlosen Schulfluren hinter dem gehetzten Referendar her.

Die Liste der Alptraum-Themen von Referendaren ließe sich endlos fortführen, doch irgendwann ist die Feuerprobe vorüber, das zweite Staatsexamen bestanden und der Referendar darf sich endlich Lehrer nennen.

Tiefenpsychologie des Lehrerwitzes

Witze um Schule und über Lehrer erweisen sich für die Offenlegung feinster psychologischer Muster als äußerst aufschlußreich. Sie bringen mit wenigen Worten das auf den Punkt, wofür Enzyklopädien über die Psychodynamik des Erziehungsverhältnisses mehrere Meter Bücherwand verschwenden. So werden die wahren Beziehungen zwischen Lehrern und Schülern oft erst in Grenzsituationen aufgedeckt, wie die Prägnanz des folgenden Witzes offenbart. Dieses Beispiel zeigt, wie sehr das Wunschdenken des Lehrers und die rauhe Nüchternheit der Schülerseele im Kontrast zueinander stehen können:

Die kleine Jule hat die kranke Lehrerin besucht. Gespannt warten einige Schüler vor dem Haus auf den Befund: "Es gibt keine Hoffnung mehr", sagt die kleine Jule, "sie kommt morgen wieder in die Schule."

Die Handlungen und Meinungen des Lehrers haben oft weitreichende Konsequenzen, derer er sich mitunter gar nicht bewußt ist. Wie weit die Verantwortlichkeit des Lehrers für seinen Unterricht reichen kann, zeigt folgendes Beispiel:

Die Mutter beschwert sich beim Lehrer ihres Sohnes: "Wie können Sie eine Rechenaufgabe aufgeben, in der die Flasche Bier nur 30 Pfennige kostet? Mein Mann konnte vor Aufregung die ganze Nacht nicht schlafen."

Ein verantwortlicher Mathematik-Lehrer würde sich gewiß daraufhin über die aktuelle Preislage seiner Rechenobjekte informieren, aber die Konsequenz übertriebener Perfektion und Absicherung muß in neurotischem Zwangsverhalten enden.

Der Mathelehrer trifft seinen ehemaligen Schüler. "Immer noch Schwierigkeiten mit der Rechenkunst?" "Keine Spur. Ich kaufe alte Kisten für eine Mark und verkaufe sie für vier Mark weiter, und von den 3 Prozent lebe ich."

Wie schnell sich Schüler auf das Sanktionsverhalten des Lehrers einstellen und ihre persönlichen Vorteile daraus ziehen können, zeigt das folgende Beispiel:

Der Lehrer fragt nach dem Schulausflug in der Kunstausstellung seine Schüler: "Was hat dir am besten gefallen, Hans?" "Der Rücken der Venus." "Unver-

Der pensionierte Oberlehrer hat sich eine späte Liebe angelacht. Auf der Parkbank flüstert er: "Liebst du mich?" "Ja", haucht sie. "Antworte gefälligst mit einem ganzen Satz" fährt er sie an.

schämt, hinaus mit dir. Denk eine halbe Stunde darüber nach, was du für eine Antwort gegeben hast!" "Und was hat dir am besten gefallen, Fritz?" "Der Bauch der Venus." Auch er muß für die Antwort eine halbe Stunde hinaus. Als dritter kommt Willi dran, er steht auf und winkt der Klasse zu und meint: "Mich seht ihr eine Woche nicht!"

Hier wurde wieder einmal eine wohlmeinende Lehrerabsicht arglistig ausmanövriert. Kein Lehrer, dem dabei nicht die Galle hochsteigt. Die Folge ist ebenfalls ersichtlich: Immer neue, pfiffigere und vor allem wasserdichte Sanktionsverfahren muß der Pädagoge entwickeln. Um Flops zu vermeiden, testen manche Pädagogen ihre Sanktions-Prototypen erst einmal an ihren eigenen Kindern.

Die Schwächen des Berufsstandes sind systemimmanent. Das dumme ist nur, der Lehrer muß es ausbaden. Wie sehr gerade hochmotivierte Lehrer immer wieder in die systemimmanenten Fallen tappen, zeigt folgendes Beispiel:

"Ich wiederhole", sagt der Lehrer, "ein Anonymer ist ein Mensch, der unbekannt bleiben will. - Wer lacht da?!" - Eine Stimme aus der Klasse: "Ein Anonymer!"

Im Alltag des Lehrerberufs lauern überall kleine Mißverständnisse und Irritationen, die das Konzept des Lehrers leicht aus den Angeln heben können. Kleines Beispiel:

Der Lehrer zu seinem Klassenkasper: "Zwei Ausdrücke will ich nicht mehr hören, der eine ist "saublöd" und der andere "zum Kotzen". - Der Schüler darauf: "Okay, und welches sind nun die beiden Ausdrücke?"

Wie kann sich ein Lehrer aus dieser Zwickmühle befreien, ohne selbst schuldig zu werden?

Doch nicht allein das System macht dem Lehrer das Leben schwer. Jeder halbwegs gewitzte Schüler kann locker aus der Zwangslage des Lehrers sein Kapital schlagen. Die Lacher verbucht er auf seiner Seite:

"Schon wieder zu spät", sagt der Lehrer tadelnd. - Daraufhin der Schüler: "Machen Sie sich nichts draus, ich auch."

Und wie oft kommt es vor, daß Lehrer sich mit ihren eigenen Waffen geschlagen sehen müssen:

"Herr Meier, was heißt das, was Sie unter meinen Aufsatz geschrieben haben?" - "Das heißt, daß du deutlicher schreiben sollst!"

Schüler sind naturgemäß unverschämt und fordern alles für fast nichts:

Der Lehrer fragt: "Wieviel ist vier mal vier?" Schüler: "Sechzehn." Lehrer: "Gut mein Junge." Schüler entrüstet: "Was heißt hier gut? Das war perfekt!"

Ein Lehrer muß auf alles gefaßt sein. Immer wieder finden die Schüler unvorhersehbare Wege, sich um die geforderte Anstrengung zu drücken, ohne daß ihnen daraus ein gerechtfertigter Vorwurf zu machen wäre:

Der Lehrer stellt eine Aufgabe: "Ein Haus hat sieben Stockwerke. Jeweils 20 Stufen führen von einem Stockwerk zum anderen. Wie viele Stufen muß man hochsteigen, um vom Erdgeschoß zum 7. Stock zu gelangen, Fritz?" - "Alle".

Manchmal wird der Lehrer auch unvermittelt und ohne seinen Willen in innerfamiliäre Angelegenheiten hineingezogen und muß Stellung nehmen, ob er will oder nicht:

Karlchen kommt mit einem Gebiß in die Schule. Der Lehrer fragt ihn: "Woher hast du das?" - Von Opa" - "Und was hat dein Opa dazu gesagt?" - "Bif mi fofort meim Bebif fiefer".

Wie trügerisch selbst die erwünschten Verhaltensweisen von Schülern sein können, zeigt das folgende Beispiel:

Der Religionslehrer fragt Gustav: "Was machst du als erstes, wenn du morgens aufstehst?" - "Ich gehe auf die Toilette" - "Falsch", sagt der Lehrer, "du sollst beten". "Und du, Bernd, was machst du?" "Ich bete, Herr Lehrer." "Sehr schön, Bernd, und wie lange betest du?" - "So lange ich auf der Toilette sitze."

Lehrer in der Öffentlichkeit

Lehrer kennen viele Menschen und sind natürlich auch vielen Menschen bekannt, das bringt der Beruf mit sich. In kleineren Städten gehören Lehrer sogar automatisch zur lokalen Prominenz. Lehrer können sich daher nie wirklich anonym und unbefangen in der Öffentlichkeit bewegen. Ein Saunabesuch genügt und schon findet sich am folgenden Tag eine detaillierte Karikatur auf der Tafel, die einprägsam zeigt, wie lustig es aussieht, wenn der Klassenlehrer entspannt alle Fünfe von sich streckt.

Es geht Lehrern in dieser Hinsicht nicht anders als Showstars: Sobald man die eigenen vier Wände verläßt, befindet man sich automatisch auf dem Präsentierteller.

Das richtige Grüßen

Auf Schritt und Tritt begegnet ein Lehrer ehemaligen und aktuellen Schülern. In der Referendarzeit ist diese Alltagserfahrung noch so sensationell, daß die angehenden Lehrer sich regelrecht den Hals nach ihren Schülern verrenken und bald nur noch mit permanentem Kopfnicken durch die Öffentlichkeit gehen, als wären sie so eine Wackelfigur, die sich in geschmackvollen Autozubehör-Boutiquen für die Hutablage erstehen läßt. Erfahrene Pädagogen bleiben cool und grüßen auf keinen

Fall die Schüler zuerst, denn das kostet Punkte im Ansehen. Die Schüler ihrerseits schaffen es ohnehin meist sehr gut, den Lehrer ganz zufällig gerade nicht zu sehen, und wenn sie grüßen, dann sowieso nur aus Veralberung.

Lehrer privat

Bei den meisten Berufen ist der Job nach Feierabend mehr oder weniger vergessen. Nicht so beim Lehrer! Lehrer ist nämlich kein Beruf wie jeder andere, sondern schon eher so etwas wie eine Berufung. Deshalb fühlen sich Lehrer folgerichtig auch in jeder Lebenslage als Lehrer und somit als Menschen, von denen andere etwas lernen können.

Ob beim Autokauf, in der Bank, oder im Umgang mit Handwerkern, immer ist ein Lehrer leicht in Versuchung, anderen etwas beizubringen oder sie zu korrigieren. Wer von Berufs wegen alles besser weiß, verinnerlicht dies eben rasch zu einer Grundhaltung in jeder Lebenslage.

Ein Französischlehrer ist der Schrecken jeder Käseverkäuferin, denn er läßt es sich bestimmt nicht nehmen, mit ihr gemeinsam die Aussprache sämtlicher Käsenamen so lange zu trainieren, bis die Sache sitzt. Wenn er dann zum Schluß ganz einfach nur ein Stück Tilsiter verlangt, ist sie nahe dem Nervenzusammenbruch. Das stört ihn aber keineswegs, sondern er bleibt sogar noch stehen, um die Bestellungen der Kunden aus der inzwischen etliche Meter langen Schlange abzuhören. Schließlich hatte er die übrige Kundschaft ja mit eindeutigen Handbewegungen dazu aufgefordert, alle Käsesorten im Chor mitzusprechen. Nun will er doch mal sehen, ob da auch was hängengeblieben ist.

LEHRER & LEHRERINNEN

"Ehrlich, Kollegin, in mir schlummert ein Genie, nur - das Biest wird nicht wach!"

Die unangenehmsten Kunden für Handwerker sind Lehrer, am allerschlimmsten natürlich Berufsschullehrer aus der gleichen Sparte. Der Lehrer überwacht jede Handbewegung und kommentiert unentwegt die einzelnen Arbeitsschritte. Nach Ausführung der Reparatur gibt es sofort einen Mängelbericht und eine entsprechende Note.

Kauft sich ein Physiklehrer ein neues Auto, ist das eine hervorragende Gelegenheit für den Autoverkäufer, endlich einmal die intimsten Details über den Verbrennungsvorgang des Viertaktmotors zu erfahren und gleichzeitig auch noch zu lernen, mit welcher Formel das Drehmoment berechnet werden kann und wozu das überhaupt gut ist.

Eine bewährte Kombination ist die Ehe einer Lehrerin mit einem nichtberufstätigen Mann...

LEHRER & LEHRERINNEN

Die Ehe

Die Ehepartner von Lehrern sind normalerweise ebenfalls Lehrer. Nur so hat die Ehe eine gute Überlebenschance, denn kein normaler Mensch mag sich auf Dauer die Probleme eines Lehrers anhören.

Eine neuerdings sehr bewährte Kombination ist die Ehe einer Lehrerin mit einem nichtberufstätigen Mann, der sich aufopferungsvoll um die Kindererziehung kümmert. Widerspruchslos hört er sich beim gemeinsamen Mittagessen ihre Klagen an und denkt sich seinen Teil. Sie hingegen ist froh, sich nicht auch noch zu Hause mit Kindern abgeben zu müssen.

Schwierig wird die Lehrerehe immer dann, wenn der andere Partner einer ganz normalen Arbeit nachgeht. Die Lebensstile sind dann auf Dauer einfach nicht in Einklang zu bringen. Zwangsläufig muß der Lehrer in einer solchen Mischehe auch den einen oder anderen Urlaub ohne Partner verbringen, beispielsweise auf Kreta, dem Mekka einsamer Studienrätinnen. Klar, daß sowas langfristig nicht gutgehen kann.

...der sich aufopferungsvoll um die Kindererziehung kümmert

Urlaub und Urlaubsverwertung im Unterricht

Lehrer machen in der Regel keinen Urlaub, sondern unternehmen Bildungsreisen. Das ist ein feiner Unterschied, der allerdings bisweilen so fein ausfallen kann, daß er kaum noch zu erkennen ist. Der klassische Lehrer-Bildungsurlaub ist aber ganz einfach dadurch zu identifizieren, daß dabei Unmengen von Dias entstehen, die sich später für den Unterricht verwerten lassen. Das kann natürlich auch eine kritische Unterrichtseinheit über Massentourismus sein. Auf diese Weise lassen sich mit einigem Geschick sogar die Kosten einer Mallorca-Pauschalreise steuerlich geltend machen.

Kleine Rhetorik

Trostspendende Sprichworte für Theorie und Praxis

Wie oft gerät der Lehrer in eine Situation, in der guter Rat teuer ist und in der er sich bei aller Sprachgewandtheit dennoch plötzlich vor einem rhetorischen Loch sieht, weil es ihm einfach die Sprache verschlagen hat. In diesen dunklen Stunden hilft oft schon ein tröstendes Wort über die Leere im Kopf hinweg.

Natürlich kann so eine pointierte Quintessenz nicht die Differenziertheit des pädagogischen Alltags widerspiegeln, geschweige denn, modernen

LEHRER & LEHRERINNEN

Theorien über Begabung und Lernen standhalten, jedoch wirken sie manchmal wie uralte Heilmittel: niemand weiß warum, aber als Schocktherapie im richtigen Moment gesetzt, können sie verblüffende Effekte erzeugen. Hier eine kleine Sammlung klassischer Trostspender, die den Pädagogen schon seit Jahrhunderten den moralischen Rücken stärkten, von denen aber einige wegen der negativen Nebenwirkungen bei Schülern inzwischen aus dem öffentlichen Verkehr gezogen worden sind.

*Eine Frage:
In welchem Land hat der Lehrer dieser Klasse Urlaub gemacht?*

Allgemeine Weisheiten für alle Gelegenheiten:

**Das angenehmste Leben führen die, die nichts denken.
Du kannst den Geist nicht erzeugen, du kannst ihn nur empfangen.

LEHRER & LEHRERINNEN

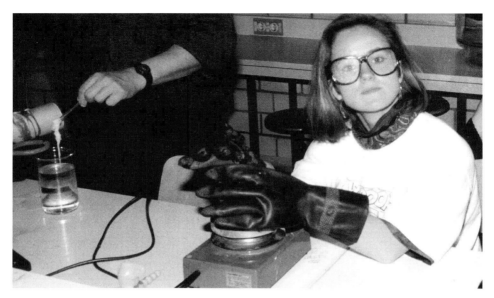

"Aha, ein unterrichtsfremder Gegenstand - kann ich also beschlagnahmen!"

*Lernen, ohne zu denken ist eitel, denken, ohne zu lernen, gefährlich.

*Je weniger Verstand einer hat, umso weniger merkt er den Mangel.

*Dumme Gedanken hat jeder, aber der Weise verschweigt sie.

*Die lästigsten Dummköpfe sind diejenigen, die Witz haben.

*Alles verstehen wollen, heißt nichts begriffen haben.

*Bildung ist das Leben im Sinne großer Geister mit dem Zwecke großer Ziele.

*Gebildet ist, wer weiß, wo er findet, was er nicht weiß.

*Ein Kluger bemerkt alles. Ein Dummer macht über alles eine Bemerkung.

*Auch der Dumme hat manchmal einen gescheiten Gedanken. Er bemerkt es nur nicht.

*Klug zu fragen ist schwieriger, als klug zu antworten.

*Man gewöhnt sich am allem, sogar am Dativ!

LEHRER & LEHRERINNEN

Pausenaufsicht leichtgemacht

Deutschland gegen zehn Uhr vormittags. Noch ist alles still. Doch plötzlich liegt ein penetrantes Klingeln in der Luft. Bundesweit große Pause! Etwa neun Millionen aufgeweckte Schüler und Schülerinnen stürmen schreiend die Schulhöfe der Nation. Ein Gellen und Schnattern erhebt sich über Städte und Dörfer, man glaubt, das Land befände sich in einer Art allgemeinem Amnestiezustand. Für wenige Minuten ist fast alles erlaubt und die Schüler brauchen es: Freiheit für Körper und Geist!

Lehrermikado: Wer sich zuerst bewegt, macht die Pausenaufsicht!

Auch für die rund sechshunderttausend Lehrer der Republik hat dieser Moment Bergfest-Charakter: die große Pause ist der Moment, in dem die Tasse Kaffee am besten schmeckt, wo man endlich in Gedanken die Beine auf den Tisch legen kann.

Alle freuen sich auf die große Pause bis auf einen Lehrer: Er hat Pausenaufsicht, und das ist bei den heutigen Vorbildern der Jugend aus diversen Actionfilmen nicht immer ein Zuckerschlecken. Doch Pausenaufsicht kann auch angenehm anregend und spannend sein. Hier einige Tips:

*Immer eine kleine Hand-Videokamera dabei haben. Die Aufnahmen lassen sich auch gut für Sendungen wie "Explosiv" oder "Notruf" vermarkten.
*Sie können sich hinsichtlich der Ausrüstung für den Pausengang von einem kompetenten Eishockeyspieler beraten lassen.
*Mit einem Skateboard sind Sie schneller am Ort des Geschehens.
*Sie sollten sich mit einer weitreichenden Wasserkanone ausrüsten, um den illegalen Rauchern auch über große Distanzen die Zigaretten ausschießen zu können.

Das Lehrer-Schüler-Verhältnis

Die Zeiten ändern sich! "Guten Morgen, Herr Lehrer! Guten Morgen, Frau Lehrerin!" So schallte es vor wenigen Jahrzehnten noch im ganzen Land, wenn die deutsche Lehrerschaft zu früher Stund' mit festem Tritt und aufrechtem Gang das Klassenzimmer betrat. Heute trägt der Lehrer seinen Aktenkoffer auf der Seite, auf der die Meute sitzt, um ihn im Bedarfsfall schnell und entschlossen schützend in die Flugbahn von Wurfgeschossen halten zu können.

Die kleinen Rabauken sind hart drauf. Früher haben die Mädels Gummi-Twist gespielt und Hanni und Nanni-Bücher verschlungen. Heute schwärmt die Meute für Gangsta Rap von Snoop Doggy Dogg und Ice-T.

Das Lehrer-Schüler-Verhältnis ist in vielen Schulen mittlerweile so auf den Hund gekommen, daß die Lehrer nur noch angstschlotternd das Klassenzimmer betreten können. Mancher trainiert daheim das Blindschreiben an der Tafel, weil er es nicht riskieren kann, seiner Klasse den Rücken zuzudrehen. Mit einem Messer zwischen den Schulterblättern bringt die mit demonstrativ aufgeklapptem Klassenbuch in der Hand inquisitorisch vorgebrachte Frage "Wer war das?" auch keine Autoritätspluspunkte mehr ein.

Die kleinen Rabauken sind hart drauf, und das ist kein Wunder. Früher haben die Mädels Gummi-Twist gespielt und "Hanni und Nanni"-Bücher verschlungen, während die Jungens soliden Idolen wie Uwe Seeler oder Franz Beckenbauer nacheiferten. Heute schwärmt die Meute für Gangsta Rap von Snoop Doggy Dogg und Ice-T. Kurzum, die Vorbilder der heutigen Jugend sind knallharte Straßengangs, für die Mordanklagen den Charakter einer Art Ehrendoktor haben. Über Satelliten-Schüsseln auf Scheunendächern wird derartiger Unfug per Viva und MTV bis ins letzte Dorf getragen. Die letzten Bastionen naiver Kindlichkeit in deutschen Landschulen werden so über kurz oder lang ebenfalls verlorengehen.

Gläubige Kinderaugen, die mit glühenden Wangen an den Lippen ihres geliebten Lehrers hängen, während der aus besonderem Anlaß ein niedliches Märchen vorliest, gehören wohl schon bald ein für allemal der Vergangenheit an.

Schuld an dieser fiesen Entwicklung haben natürlich die Eltern, das Fernsehen und die Spielzeughersteller, aber ausgerechnet derjenigen Berufsgruppe, die am meisten darunter zu leiden hat, nämlich den Lehrern, wird die Schuld in die Schuhe geschoben.

Jammern hilft aber bekanntlich nicht weiter, was können Lehrer also tun, um die etwas aus den Fugen geratenen Verhältnisse in den Klassenzimmern wieder ins Lot zu bringen?

"Ich habe nicht aufgepaßt, als die Zeugnisse verteilt wurden, und wieder ein schlechtes erwischt"

Die letzte Waffe: Zensuren

Mit den Zensuren ist dem Lehrer ein Machtmittel in die Hand gegeben, das nach Ansicht vieler Pädagogen gar nicht hoch genug eingeschätzt werden kann. Schulnoten entscheiden über Schicksale, sie können Ansporn sein, aber auch eine eindeutige Warnung.

Das Dumme ist nur, diejenigen, die sich mit der Androhung schlechter Noten disziplinieren lassen, sind selten die wahren Sorgenkinder und pädagogischen Problemfälle. Schwierigkeiten bereiten vor allem die Schüler, die ein drohendes "Ungenügend" nur schulterzuckend zur Kenntnis nehmen oder daraufhin demonstrativ mit ihrem Klappmesser spielen, bis die Lehrkraft zugibt, sich mit der Note "geirrt" zu haben.

Checkliste für die Lehrertasche

Der heutige Schulalltag stellt hohe Anforderungen an Pädagogen. Um diesen Anforderungen besser gewachsen zu sein, sollten folgende Dinge in der Lehrertasche stets griffbereit sein:

Polaroidkamera für Beweisaufnahmen
Kratzkreide und Gehörstöpsel
Pfefferbonbons ("Belohnung" für die "lieben" Kleinen)
Ein Sortiment von vorgefertigten Aufgaben für Stillarbeit und eine Illustrierte für den Eigenbedarf
Der ultimative Notnagel: Ein fachbezogenes Videoband, mit dem sich der Unterricht selbst dann noch erfolgreich bestreiten läßt, wenn Sie total verkatert sind und die Klasse an diesem Tage unausstehlich ist
Das Drehbuch für eine perfekte Musterstunde, um jederzeit auf einen eventuellen Besuch des Schulrats vorbereitet zu sein

Pädagogische Notbremsen

Manchmal gibt es Situationen im Schulalltag, die den aufgeklärtesten Lehrer in den finstersten Aberglauben fallen lassen können. Da hat man einen geschlagenen Nachmittag geopfert und eine jeder Beschreibung spottende Unterrichtseinheit vorbereitet, die für den heißesten Diskussionsstoff sorgen müßte, und plötzlich sieht man sich mit einer Horde verstockter Trottel konfrontiert, die an diesem Tage sogar zu faul zum Schwatzen sind und einen offen angähnen. Man redet sich den Mund fusselig und schielt immer wieder dezent nach dem Minutenzeiger der Armbanduhr, der wie eingefroren scheint.

An anderen Tagen weht einem ausgerechnet in einer Klasse, bei der man stets das sichere Gefühl hatte, der offizielle Lieblingslehrer zu sein, der eisige Wind offener Feindseligkeit entgegen. Der Klassensprecher, den man insgeheim als willfährigen Schleimer abgespeichert hatte, konfrontiert einen aus heiterem Himmel mit einer harschen Kritik am Unterrichtsstil, die im Grunde sogar weitgehend zutrifft, wie man mit Staunen zur Kenntnis nimmt. In solchen Situationen braucht man ein pädagogisches Notprogramm, um gar nicht erst in die Defensive gedrängt werden zu können.

Wenn gar nichts mehr geht:

*Selbst heimlich eine Stinkbombe legen. Dann wutschnaubend die Klasse verlassen und die Schüler dazu auffordern, den Schuldigen zu ermitteln und ins Lehrerzimmer zu schicken. Das dürfte einige Zeit in Anspruch nehmen!
*Mitten im Unterricht sofortiges Lüften mit scharfem Durchzug veranlassen und ganz offen darüber sprechen, daß von den Schülern wegen der hormonellen Umstellung in der Pubertät ein fürchterlicher Gestank ausgehe. Derartige Anschuldigungen schüchtern auch weniger sensible Gemüter ein, wenn sie nur drastisch genug vorgebracht werden.
*Möglichst langweilige Videoaufzeichnungen vom Schulfernsehen zeigen und eine schriftliche Zusammenfassung anfertigen lassen, die natürlich benotet werden soll.

Der Traum vom Aussteigen

Der ewige Traum vom Aussteigen gibt vielen Lehrern die Kraft, den Job überhaupt durchzuhalten. Wenn es dann wirklich jemand aus dem Kollegium geschafft hat, ist es für die verbliebenen Kollegen natürlich eine Ehrensache, sich gegenseitig auszumalen, wie der das noch bereuen wird, obwohl man insgeheim zerknirscht und voller Neid ist.

Der Lehrerberuf bietet Aussteigern mehr Möglichkeiten und Chancen als jeder andere Beruf. Vielleicht regt gerade diese Tatsache - und viel weniger die objektive Unzufriedenheit - die Phantasie von Lehrern sehr dazu an, so häufig von Alternativ-Karrieren zu träumen.

Sinnvolle Alternativ-Berufe für Pädagogen

*Kneipenwirt
*Gemüsehobelverkäufer
*Tierpfleger
*Schäfer
*Politiker
*Zirkus-Clown
*Entwicklungshelfer
*Dompteur
*Schäferhundausbilder
*Pastor

Spitznamen

Jeder Lehrer und jede Lehrerin hat einen Spitznamen. Ist der Spitzname gut getroffen, können Sie sicher sein, daß er in Ihrer Abwesenheit auch im Kollegium Verwendung findet. Grundlage des Spitznamens sind entweder kreative Verfremdungen des Originalnamens, Ähnlichkeiten mit prominenten Persönlichkeiten, Tieren oder Gemüsearten.

Beruht der Spitzname auf einer zufälligen Ähnlichkeit mit einem beliebten TV-Serienhelden, kann es zu echten Identitätsproblemen kommen. Mitunter wird dann sogar die bewußte Annäherung an das Original gesucht, wofür dann keine Folge mehr versäumt werden darf. Tragisch wird es, wenn die

Drehbuchautoren den Helden der Serie sterben lassen. Dann bleibt nur noch die Hoffnung auf eine Wiederholung, doch die ist blöderweise meistens im Vormittagsprogramm.

Die Stundeneröffnung

Mit der bewährten Redensart "Ende gut, alles gut" mag in vielen Berufen, am besten vielleicht noch im Bestattungsgewerbe, der Berufsalltag ungeachtet aller erdenklichen zwischenzeitlichen Pannen ganz gut zu bewältigen sein, im pädagogischen Alltag ist damit jedoch kein Blumentopf zu gewinnen. Wer hier am Anfang patzt, kann sich gleich begraben lassen.

Es beginnt schon damit, wie man den Klassenraum betritt. Wer regelmäßig erleben muß, von den Schülern gar nicht beachtet zu werden und sich erst mit einigem Gebrüll eine gewisse Aufmerksamkeit verschaffen muß, der macht dabei offensichtlich einiges grundverkehrt.

Wichtig sind geräuschvolle Absätze, die weithin hörbar durch die Schulflure klacken, denn die Schüler müssen sich mit ihrem Timing ja auf das Eintreffen des Lehrers einstellen können. Sonst platzen Sie womöglich mitten in eine Schwamm- und Kreideschlacht, was meistens keinen guten Start für eine Unterrichtsstunde ergibt.

In früheren Zeiten hatte jeder Lehrer sein festes Eröffnungsritual. Dieser schöne Brauch ist im Zuge einer allgemeinen Enttraditionalisierung heute etwas in Vergessenheit geraten, dabei hat er für beide Seiten doch viel Gutes zu bieten. Der Lehrer braucht sich keine Gedanken über den Stundenanfang zu machen und schafft sich mit dem Ritual gleichzeitig ein unverwechselbares Erkennungszeichen. Die Schüler wissen, woran sie sind, und bekommen in unsicheren Zeiten so etwas wie ein Stück Halt vermittelt.

Klassiker der Stundeneröffnung

*Vor die Klasse treten, Notenbüchlein nehmen und lange schweigend darin blättern. Dabei nacheinander jeden einzelnen Schüler mit Pokerface anblicken, bis in der Klasse eisiges und leicht betretenes Schweigen herrscht. Anschließend ganz normal unterrichten.
*Tür ruckartig öffnen, Tasche geräuschvoll auf den Lehrertisch knallen, dazu äußerst schlechtgelaunt gucken und wahllos einige Schülernamen ermahnend in die Klasse brüllen.
*Wie eine pirschende Katze durch die Klasse schleichen, plötzlich auf einen Schüler (oder eine Schülerin) zeigen und ihn (oder sie) aufrufen. Aufgabe: Ein kurzes Resümee der letzten Stunde. Diese Eröffnung ist auch praktisch zur eigenen Orientierung. Das lästige Blättern im Klassenbuch entfällt.

Eltern

Eltern können nerven, besonders, wenn sie nachts um elf leicht angesäuselt den Lehrer anrufen und sich über die Schulleistungen ihrer Lieblinge unterhalten wollen. Sie werden ausfallend, verlangen Nachtarbeit und wollen Patent-Ratschläge für die Erziehung hören, die mühelos umsetzbar sein sollen. Natürlich wissen sie gleichzeitig alles besser und sparen auch bei Elternabenden nicht mit den

*Vater zum Lehrer:
"Finden Sie nicht
auch, daß mein Jüngster recht originelle
Einfälle hat?"
"Ja, besonders in der
Rechtschreibung!"*

vielfältigsten Anregungen, die je nach Mentalität von der Wiedereinführung der Prügelstrafe bis zur totalen Abschaffung von Noten und Prüfungen reichen können.

Es braucht in der Regel einige Jahre Berufserfahrung, bis ein Pädagoge nach den Schülern auch deren Eltern fest im Griff hat. Dann ist es aber auch überhaupt kein Problem mehr, zum Beispiel den Eltern klarzumachen, daß es das beste für ihr Kind sei, wenn es sitzenbleibt.

Mythos der Unfehlbarkeit

Die Rückgaben von Klassenarbeiten und Notendiskussionen mit den Schülern zählen zu den Situationen, in denen ein Pädagoge viel Rückgrat zeigen muß. Eine der wichtigsten Erfahrungen im Lehrerleben: Nie einen Fehler zugeben, und sei er noch so offensichtlich! Wird erst mal am Mythos der Unfehlbarkeit gekratzt, so wird damit nämlich eine wahre Lawine von "Revisionsverfahren" losgetreten. Die Schüler kommen mit uralten Klassenarbeiten an und wollen um Punkte feilschen, deren Vergabe einem selbst inzwischen mehr als schleierhaft erscheinen muß.

Wenn nur ein einziges Mal das Gejammer über angeblich ungerechte Punktvergabe etwas fruchtet, kann man absolut sicher sein, daß künftig jede korrigierte Arbeit mit sämtlichen Arbeiten der anderen Schüler verglichen wird und die Schüler mit etwas betuchteren Eltern ihre korrigierten Klassenarbeiten ohnehin gleich zum Rechtsanwalt tragen.

Also lieber stur bleiben, auch wenn dazu die hanebüchensten Ausreden für die unterschiedliche Beurteilung von zwei objektiv völlig identischen Leistungen herhalten müssen. Das Lehrerurteil gilt und damit basta!

Auch bei der Notenvergabe am Ende des Schuljahres lassen sich konsequente Pädagogen nicht von den Schülern beeinflussen. Notenpoker kann zwar zur unterhaltsamen Inszenierung werden, doch wer glaubt, sich durch übertriebene Kompromißfreudigkeit bei den Schülern beliebt machen zu müssen, kann damit ganz schön auf den

"Na, Herrr Lehrer, wie wär's mit einem kleinen Notenpoker?"

Bauch fallen. Rutscht ein Schüler oder eine Schülerin schließlich nach hitziger Debatte um eine Note nach oben, bringt das in der Regel mit sich, daß der Rest sich ebenfalls um eine Note verbessern will.

Jeder Lehrer weiß natürlich, daß es absolut gerechte Noten gar nicht geben kann, doch sollte gegenüber den Schülern der Schein der Gerechtigkeit um jeden Preis gewahrt bleiben. Wer durch fachliche Vorbelastung über das nötige Rüstzeug verfügt, kann beispielsweise im Interesse der "Transparenz" einmal eine abenteuerliche Formel an die Tafel malen, nach der angeblich die Zensuren berechnet werden. Die Schüler werden staunen!

Der kranke Lehrer

Krankheiten sind nicht nur bei Schülern eine alte Universalmethode gegen allgemeine Schulunlust. Es gehört wahrlich nicht viel Phantasie dazu, sich die schönsten Alternativen zur Schule auszumalen. Scheint dann zu allem Überfluß noch die Sonne, fällt manchen sonst stets hochmotivierten Lehrern plötzlich ein, daß sie, statt zum Dienst in der Schule zu gehen, dringend einen Bestrahlungstermin wahrnehmen müssen, nämlich am Strand oder im Freibad. Dabei ist es dann natürlich enorm wichtig, nicht auf Schüler oder Kollegen zu treffen. Weitere Anfahrtswege, mindestens bis in den Nachbarort, und perfekte Tarnungsmethoden sind Selbstverständlichkeiten.

So feiert ein Profi krank

Was bringt es objektiv ein, sich von Zeit zu Zeit einen lästigen Schultag vom Hals zu halten? Wer dies regelmäßig praktiziert, hat schnell den Ruf weg, gerne mal krankzufeiern und schafft sich damit unnötig Feinde. Wer z.B. an den Brückentagen zwischen Feiertagen und Wochenenden oder gern am Montag fehlt, oder es vorzieht, unangenehme Termine und Pflichten durch Abwesenheit nicht mitzuerleben, begeht wirklich einen Kardinalfehler.

Profis nutzen den üblichen Rahmen der Fehlzeiten natürlich aus, aber sie verkleckern diese kostbare Extrafreizeit nicht sinnlos, sie schlagen voll zu: Unter einer Woche auf einen Schlag läuft gar

nichts! Wer so lange fehlt, muß schon wirklich krank sein, das leuchtet auch skeptischen Kollegen ein, vor allem dann, wenn Sie obendrein eine wirklich überzeugende Krankmeldung abliefern. Wenn Sie dann nach einer längeren Krankheit zum ersten Mal noch sichtlich geschwächt (am besten mit etwas Puder blaß schminken) wieder in die Schule kommen, werden sich auch die übelsten Kollegen mit aufrichtiger Anteilnahme nach Ihrem Befinden erkundigen und Sie fragen, ob Sie auch wirklich die Krankheit gut auskuriert haben.

Die goldenen Regeln des Krankfeierns

*Niemals aus Unachtsamkeit einem Kollegen oder mitteilsamen Schülern vor Gesundheit strotzend in die Arme laufen! Perfekte Tarnung ist die Devise: Sonnenbrille mit Gläsern wie Klodeckel, Perücke und ein völlig neuer Look.
*Damit Sie wirklich etwas von der Zeit haben, kann ein kleiner Kurzurlaub durchaus angebracht sein. Positiver

Nebeneffekt: Sie können sich frei bewegen. Denken Sie dabei aber z.B. beim Skiurlaub an das Verletzungsrisiko und setzen deshalb gleich auf Gips, möglichst ohne sich schon vorher auf ein Körperteil festzulegen. Wenn nichts passiert, umso besser! Peinlich wäre doch, wenn Sie unter der Salmonellen-Welle gesegelt sind und dann plötzlich mit einem Gehgips wieder in die Schule humpeln müssen.

Verständnisvolle Ärzte

Die Bestätigung eines anerkannten Arztes gibt jeder Krankheit den Anschein vollendeter Seriosität. Niemand wird es wagen, die Aussage eines ausgewiesenen Fachmanns oder einer Fachfrau anzuzweifeln.

Die Krankheitssymptome sollten vor allem bei Schulneubauten oder renovierten Gebäuden eine Interpretation nahelegen, wonach z.B. Ausdünstungen von Formaldehyd aus Wandverkleidungen etc. für die labile Gesundheit verantwortlich sind. Sie können sicher sein, über kurz oder lang fühlen sich auch einige Kollegen immer unerklärlich schlecht, und wenn tatsächlich eine Messung veranlaßt wird, dürfte unter Garantie auch etwas gefunden werden.

Es gibt überall verständnisvolle Ärzte, denen Sie Ihr Leiden nur eindrucksvoll genug schildern müssen, wobei meist wenige gezielte Hinweise genügen, um eine Diagnose nach Ihrem Geschmack zu erwirken. Bei den wenigen Minuten, die Sie tatsächlich nur im Sprechzimmer sind, wird jeder brauchbare Wink aufgegriffen.

LEHRER & LEHRERINNEN

LEHRER & LEHRERINNEN

Erfahrungsgemäß sind ältere Ärzte, die bereits ihr Wochenendhäuschen im Tessin abbezahlt haben und wo das Mercedes-SL-Abo seit Jahrzehnten reibungslos läuft, besonders kooperativ. Sie greifen geschickt angebrachte Hinweise dankbar für die Diagnose auf. Natürlich ist es nicht sehr ratsam, die Symptome wie aus dem Lehrbuch herunterzurappeln und womöglich noch plumpe Vorschläge für die Diagnose zu machen. Das überläßt man besser dem Profi und sollte sich auch nicht verunsichern lassen, wenn seine Diagnose völlig anders lautet, als die mit den genannten Symptomen angepeilte Krankheit. Klappt es bei einem Arzt nicht, probieren Sie halt einen anderen aus.

Burnout

Burnout nach dem Referendariat ist eine pädagogische Grunderfahrung. Also keine Sorge, einfach bis zum Pensionsalter auf Sparflamme nachbrennen und sich in aller Seelenruhe ausglimmen lassen.

Freilich kann es nie schaden, sich als Lehrer rechtzeitig mit den Möglichkeiten einer Frühpensionierung vertraut zu machen. Folgende Warnsignale sollten Sie auf jeden Fall nachdenklich stimmen:

Warnsignale

*Sie halluzinieren schon am frühen Vormittag: Auf Schritt und Tritt begegnen Ihnen die Figuren aus den Lehrbuchgeschichten.
*Sie werden wiederholt vom Hausmeister dabei aufgefunden, wie Sie in Trance vor leeren Bänken unterrich-

ten, weil Sie im Trott an Feiertagen in die Schule geschlichen sind.
*Der Geruch von Kreide und nassen Schwämmen löst bei Ihnen sofortigen Brechdurchfall aus.
*Sie können nur noch mit Menschen sprechen, die sich zuvor ordnungsgemäß "gemeldet" haben.
*Bei Lehrerkonferenzen müssen Sie ständig Ihre gesamte Willenskraft aufbringen, um sich z.B. nicht plötzlich nackt auszuziehen, auf dem Tisch zu tanzen und "Klingeling, hier kommt der Eiermann" zu singen.

Halluzinationen schon am frühen Vormittag...

Die zehn Gebote des Erfolgs

1. Oberstes Gebot des praktischen Schulerfolgs: Neugier wecken mit "Rate mal, was wir heute machen!" - Wer richtig rät, bekommt keine sechs!
2. Stoff anregend präsentieren! Beispielsweise in Religion als Adam oder Eva, in Mathe als Einstein, in Geschichte als Napoleon oder Kaiserin Sissi verkleidet zum Unterricht erscheinen. Dazu: Requisitenkoffer mit allerlei Anregungsgegenständen.
3. Betroffenheit herstellen: Mit schlechten Zensuren oder Eintragungen ins Klassenbuch drohen oder grausame Fotos hochhalten!
4. Den stummen Impuls einsetzen! Eine Karikatur vorzeigen, ohne ein Wort zu sagen, oder auch einfach die Arme verschränken und die Schüler anstarren.
5. Effekte bringen! Wunderkerzen bei der Behandlung biblischer Geschichten einsetzen.
6. Methodische Variationen bringen! Den Tag des Rohrstocks einführen.
7. Auf stimulierende Lernumgebung achten! Röchelnd mit einem Theatermesser im Rücken den Klassenraum betreten.
8. Keine Hausaufgaben geben, solange man nicht restlos akzeptiert wird und die Hausaufgaben als Liebesdienste aufgefaßt werden!
9. Sensibilität nach oben zeigen! Niemals dem Direktor oder Rektor vor allen Kollegen widerspre-

chen, erst recht nicht, wenn er eine ehrliche Meinung verlangt.

10. Immer den Schwamm feuchthalten, sonst fliegt er nicht weit genug!

In gleicher Reihe erschienen

Frauen ab vierzig
Männer ab vierzig
Der Tennis-Spieler
Der Fußball-Fan
Der Heimwerker
Katzen-Liebhaber
Der Oldtimer-Liebhaber
Der Ente-Fahrer
Der BMW-Fahrer
Der Opel-Fahrer
Der Ford-Fahrer
Der Mercedes-Fahrer
Der Golf-Fahrer
Der Cabrio-Fahrer
Der Porsche-Fahrer
Der Audi-Fahrer

Abbildungen stellten zur Verfügung

Art-Foto-Archiv Herbert Schleich, Brilon
Adam Opel AG, Rüsselsheim
Dürkoppwerke GmbH, Bielefeld
Reinhard Lintelmann, Espelkamp
Alfons Schnurbus, Ostwig
Ludger Knoke, Brilon
Dirk Trinn, Brilon
Günter Benzin, Lippstadt
Annemarie Podszun, Brilon

c 1994
Verlag Walter Podszun
Bahnhofstraße 9, 59929 Brilon
Herstellung: Druckhaus Cramer, Greven
ISBN 3-86133-118-7